25.331

M.
Conseiller-rapporteur.

M.
Avocat-général

Cour de Cassation, Chambre des requêtes n° 12,031.

OBSERVATIONS

POUR

M. VAST COSME PEAUCELLIER,

Ancien Commissaire-Priseur et Propriétaire, demeurant à Beauvais (Oise),

CONTRE

LES HÉRITIERS DU FEU SIEUR GELLÉE,

DEMANDEURS EN CASSATION

D'un arrêt de la cour royale d'Amiens, du 10 juillet 1840.

Texte du jugement de Première Instance.

1 février 1840.

Des minutes du greffe du tribunal de première instance de Beauvais, Oise, il a été extrait ce qui suit :

La première chambre dudit tribunal a rendu le jugement suivant

Entre M. Vast-Cosme Peaucellier, ancien commissaire-priseur à Beauvais, actuellement propriétaire en la même ville, y demeurant, demandeur aux fins de l'exploit de Dernier, huissier à Beauvais, en date du 12 octobre dernier, enregistré à Beauvais ce 14 février, folio 189 verso, case 5, aux droits de 2 fr. 20 cent. ; de ses conclusions motivées, des 31 octobre, 12 novembre et 11 décembre derniers, signifiées par actes de Tartarin, huissier audiencier, et de Daubigny, huissier audiencier, dûment enregistrés;

Comparant par Mᵉ Devimeux, avoué plaidant, d'une part;

Et la dame Françoise-Ursule Marthe, veuve du sieur Charles-Joseph-Constant Gellée, décédé commissaire-priseur à Beauvais; elle demeurant à Saint-Just-des-Marais, canton de Beauvais, et agissant comme tutrice naturelle et légale de Charles-Victor-Constant Gellée, son fils mineur, héritier unique sous bénéfice d'inventaire dudit sieur Gellée, son père, defenderesse,

Comparant par Mᵉ Duhautoy, assisté de Mᵉ Altelle, avoué à Beauvais, d'autre part.

Sans que les qualités ci-dessus puissent nuire ni préjudicier aux droits des parties.

POINT DE DROIT.

Charles-Joseph-Constant Gellée est décédé commissaire-priseur à Beauvais. Il tenait son office de M. Peaucellier, avec lequel il avait traité. Le prix de cet office n'était pas payé; il était dû à M. Peaucellier, ainsi que celui-ci l'a prétendu, une somme de *vingt-cinq mille francs*, au moyen de deux mille francs payés sur vingt-sept mille francs.

Pour conserver sa créance, M. Peaucellier a, par sa requête du 4 octobre dernier, présentée à M. le président, sollicité la permission de saisir ès-mains de tous débiteurs de Gellée.

C'est par erreur que la créance a été portée alors à vingt-sept mille francs; il n'était dû, en principal, que vingt-cinq mille francs, plus l'intérêt à cinq pour cent par an à compter du 27 mars 1838, date de la prestation de serment de Gellée, ou de sa mise en exercice de l'office.

L'ordonnance du même jour, 4 octobre, a permis la saisie-arrêt. Cette ordonnance a été enregistrée à Beauvais le 5.

Par exploit de Dernier, huissier à Beauvais, du 5 octobre dernier, visé le même jour et enregistré à Beauvais le 7, aux droits de 4 fr. 40 cent., M. Peaucellier a fait saisir-arrêter ès-mains :

1° De M. Louis-Achille GIBERT, receveur général du département de l'Oise, et préposé à la caisse des Dépôts et Consignations et du Trésor, demeurant à Beauvais, rue du Cloître-Saint-Pierre ;

2° De M. Jean-Honoré Tellier, greffier en chef du tribunal civil de première instance de l'arrondissement de Beauvais, y demeurant, tous les deniers provenant du cautionnement du sieur Gellée, en qualité de commissaire-priseur, et de la consignation faite et à faire par le sieur CAVROIS, commissaire-priseur nommé aux lieu et place dudit sieur Gellée ; et d'ailleurs tous les deniers, pour quelques causes que ce fût, et ce, pour avoir paiement de la somme de *vingt-cinq mille francs* due en principal, et l'intérêt du 27 mars 1838. L'exploit constate que copie de l'ordonnance du président a été donnée.

Par exploit du même huissier, en date du 12 du même mois, enregistré à Beauvais le 14, le sieur Peaucellier a fait assigner la veuve Gellée audit nom, pour voir déclarer valable la saisie-arrêt du 4, et s'entendre condamner aux dépens.

La veuve Gellée a constitué pour avoué M⁰ Altelle, suivant acte du 14 octobre.

Le 22 du même mois, elle a fait signifier des conclusions motivées tendantes à ce qu'il plût au tribunal, lui donner acte de ce qu'elle s'en rapportait à justice sur la régularité de la saisie-arrêt du sieur Peaucellier et, en ce qui touche le fond, la déclarer bonne et valable ; mais seulement pour la somme de *neuf mille francs*, et la rejeter pour le surplus ; dire que le sieur Peaucellier viendrait pour cette somme de neuf mille francs à la contribution qui sera ouverte au marc le franc de sa créance ainsi réduite, et comme non privilégié, et, dans tous les cas, le condamner aux frais de l'instance et en faire distraction à Mᵉ Altelle, avoué de la veuve Gellée.

Le 28 dudit mois d'octobre, la veuve Gellée, rectifiant et changeant ses conclusions précédemment signifiées, a conclu à ce qu'il plût au tribunal déclarer le sieur Peaucellier purement et simplement non recevable dans sa demande en validité de saisie-arrêt et le condamner aux frais de l'instance; subsidiairement adjuger à la veuve Gellée, audit nom, les conclusions par elle précédemment signifiées.

Le 31 dudit mois, le sieur Peaucellier a fait signifier des conclusions motivées tendantes à ce qu'il plût au tribunal lui donner acte de la reconnaissance faite et passée par la veuve Gellée que son mari était débiteur de vingt-sept mille francs réclamés en principal par M. Peaucellier; lui donner également acte de ce que la veuve Gellée avait reconnu que les vingt-sept mille francs avaient pour cause le prix de la charge de commissaire-priseur vendue par lui, sieur Peaucellier. En conséquence déclarer la saisie-arrêt dont s'agit bonne et valable, soit pour le principal, soit pour les intérêts, l'objet de la vente ayant donné des fruits; et ce, sans avoir égard à l'allégation non justifiée de la veuve Gellée, qui a prétendu qu'une somme de *dix-huit mille* francs avait été versée en déduction des vingt-sept mille francs en principal dont s'agit; condamner la veuve Gellée aux dépens; adjuger au surplus les conclusions prises par l'exploit introductif d'instance.

La cause a été portée à l'audience sur avenir du 5 novembre et après avoir été distribuée.

Le 12 dudit mois de novembre, le sieur Peaucellier a fait signifier des conclusions motivées tendantes à ce qu'il plût au tribunal lui donner acte de ce qu'il restreignait sa créance en principal à *vingt-cinq mille* francs, et de ce qu'il déclarait que les intérêts de cette somme ne lui étaient dus que depuis le 27 mars 1838.

En conséquence déclarer valable la saisie-arrêt dont s'agit jusqu'à concurrence de ce, et adjuger au surplus les conclusions de lui, sieur Peaucellier.

Le 16 dudit mois de novembre, la veuve Gellée, audit nom, a fait signifier par acte de Daubigny, huissier audiencier, des conclusions motivées tendantes, par les motifs y énoncés, à ce qu'il plût au tribunal déclarer le sieur Peaucellier purement et simplement non recevable dans sa demande, faute de justification, et le condamner aux frais.

Subsidiairement seulement, le déclarer mal fondé dans ladite demande sur tous les chefs et le condamner aux frais, dont distraction serait faite au profit de M° Altelle, sur l'affirmation requise.

Le 19 novembre, la veuve Gellée sollicitait et a obtenu un jugement sur requête portant que le sieur Peaucellier serait interrogé sur faits et articles.

Le 12 décembre, un procès-verbal de M. le président qui devait procéder à l'interrogatoire, constate que le sieur Peaucellier ne s'est pas présenté pour le subir.

Dès la veille, 11 décembre, le sieur Peaucellier avait fait signifier sa réponse aux moyens de la veuve Gellée, et concluait à ce qu'il plût au tribunal le déclarer légitime créancier du mineur Gellée de la somme de *vingt-cinq mille* francs en principal, restant du prix de la cession de son office de commissaire-priseur par lui faite au sieur Charles-Joseph-Constant Gellée; plus de l'intérêt du capital depuis le 27 mars 1838, jour de la prestation de serment dudit sieur Gellée; en conséquence déclarer régulière en la forme la saisie-arrêt du sieur Peaucellier du 5 octobre dernier, et valable au fond jusqu'à concurrence de vingt-cinq mille francs en principal et des intérêts au taux de cinq pour cent depuis ledit jour 27 mars 1838; dire que les deniers consignés par le sieur Cavrois, successeur immédiat du sieur Gellée, dans la caisse des dépôts et consignations, pour raison de la cession à lui faite par la veuve Gellée de l'office de commissaire-priseur, appartiennent à ladite succession Gellée; les déclarer affectés du privilège de vendeur de M. Peaucellier; par suite de ce, dire que lesdits deniers lui seront remis sur sa simple quittance, jusqu'à concurrence de sa créance; dire que les deniers composant le cautionnement Gellée lui seront également remis, si, d'ailleurs, il y a insuffisance, à quoi faire tout dépositaire contraint, quoi faisant déchargé; faire distraction desdits frais à Mᵉ Devimeux, sur l'affirmation requise.

Le 26 dudit mois de décembre, la veuve Gellée a, par le ministère de Daubigny, huissier audiencier, fait signifier des conclusions nouvelles tendantes, par les motifs y exprimés, à ce qu'il plût au tribunal adjuger à la veuve Gellée, ès-noms, les conclusions de sa requête du 16 novembre dernier, avec dépens.

Subsidiairement et dans le cas où, contre toute attente, le sieur Paucellier nierait les faits articulés au jugement du 19 novembre, dire néanmoins, malgré ses dénégations, que lesdits faits seront tenus pour avérés, et ordonner que les plaidoiries au fond auraient lieu sur tous les faits et dans l'état où ils étaient posés.

Très subsidiairement et dans le cas où, contre toute attente, le tribunal ne croirait pas devoir les tenir pour avérés, donner acte à la veuve Gellée de ceux qu'elle articulait, et en les déclarant pertinents, en ordonner la preuve, faute par M. Paucellier de les avouer dans les trois jours de la signification de l'*articulat*.

Nommer un juge-commissaire pour l'enquête; condamner M. Paucellier aux dépens, dans lesquels entreraient ceux relatifs à l'interrogatoire et de l'enquête. Enfin, quel que soit le résultat du procès, condamner le sieur Paucellier au paiement desdits frais personnellement; en faire distraction à Mᵉ Altelle.

Enfin, le 13 janvier, M. Paucellier a fait signifier sa réponse par acte de Leclerc, huissier audiencier, et a conclu à ce qu'il plût au tribunal, sans avoir égard aux conclusions signifiées le 26 décembre, et en donnant au surplus acte au sieur Peaucellier de ce qu'il conteste les faits articulés, dire qu'il est à bon et juste titre créancier de la veuve Gellée, et voir adjuger ses précédentes conclusions avec dépens.

Il en a été communiqué à M. le procureur du roi.

Dans cet état, la cause, après plusieurs remises, a été appelée à son tour à l'audience du 21 janvier.

M° Devimeux, pour le sieur Peaucellier, demandeur, a pris ses conclusions et en a requis l'adjudication; il les a développées en plaidant.

M° Altelle, avoué, a pris les conclusions de la veuve Gellée audit nom, et a déclaré y persister.

M° Duhautoy a plaidé la cause de la veuve Gellée en faisant valoir les moyens signifiés et auxquels il a donné tous les développements qu'il a crus utiles à la cause de sa cliente.

Le procureur du roi, en personne, a été entendu.

L'affaire a été mise en délibéré pour être le jugement rendu le 4 février.

POINT DE DROIT.

Cejourd'hui, 4 février, le tribunal rendant son délibéré, a reconnu que les questions à décider étaient celles de savoir :

Si le sieur Peaucellier serait réputé créancier de vingt-cinq mille francs, avec les intérêts du vingt-sept mars mil huit cent trente-huit ;

Et si la saisie arrêt qu'il a formée serait déclarée régulière et valable ?

Quid des dépens ?

Ouï à l'audience du 21 de ce mois, les avoués et avocats des parties, en leurs conclusions et plaidoiries respectives, et M° Dupont-White, procureur du roi, en ses conclusions.

DISPOSITIF.

Le tribunal rendant son délibéré,

Sur la validité de la saisie-arrêt.

Attendu que la veuve Gellée n'insiste pas sur le moyen de nullité qui, d'ailleurs, se trouve couvert par sa défense au fond.

Sur le fond.

Attendu en droit, que si la loi du 28 avril 1816 a accordé, à certains officiers ministériels, le droit de présenter leurs successeurs à l'agrément du Roi, elle a réservé au Prince le pouvoir de refuser leurs successeurs et de rejeter leurs traités contraires à l'intérêt public;

Que cette faculté, accordée aux officiers ministériels, emporte sans doute le droit de stipuler pour la cession de leurs offices, les conventions qui leur semblent équitables, sans qu'ils soient obligés de se conformer au prix déterminé par des circulaires administratives; mais qu'auprès de ce droit se trouve celui d'examen et de contrôle réservé au gouvernement.

Attendu que le contrôle ne peut être exercé d'une manière utile qu'autant que les traités sont soumis à l'examen du gouvernement;

Que lorsque les parties s'entendent pour présenter à l'administration des conventions simulées, afin de cacher le prix véritable, elles rendent illusoire l'appréciation du traité et portent atteinte au droit que la loi a donné au Roi;

Que dès lors cette simulation constitue une convention illicite, contraire à l'ordre public et qui doit être regardée comme nulle par les tribunaux.

Attendu, en fait, que le 5 décembre 1837, Peaucellier, commissaire-priseur à Beauvais, a vendu son office à Gellée, par un traité sous seing privé en date dudit jour et énonçant que le prix de la cession est de *ving-sept mille francs*; que c'est ce traité qui a été produit par les parties lorsqu'elles ont sollicité auprès du gouvernement la nomination de Gellée, qui a eu lieu par ordonnance royale du 27 mars 1838.

Attendu que la veuve Gellée soutient que le prix porté dans ce traité ostensible n'est pas le prix réel convenu entre les parties;

Que son mari a souscrit le même jour, au profit de Peaucellier, un billet de dix-huit mille francs, causé valeur reçue comptant; tandis qu'une contre-lettre expliquait que la cause du billet était un supplément du prix de la charge vendue en réalité quarante mille francs.

Attendu que, sur la demande de la veuve Gellée, le tribunal a ordonné par son jugement en date du 19 novembre dernier, que Peaucellier serait interrogé sur faits et articles;

Que Peaucellier, régulièrement assigné à comparaître pour répondre sur les faits énoncés au jugement, n'a présenté aucun motif d'empêchement et n'a point comparu devant le magistrat, quoiqu'il soit domicilié à Beauvais.

Attendu que ce défaut de comparution permet de tenir les faits pour avérés, et que de leur ensemble il résulte la preuve que le prix réel de la cession de l'office était de *quarante-cinq mille fr.*;

Que Gellée a souscrit un billet de dix-huit mille francs comme supplément du prix énoncé dans le traité ostensible, et qu'une somme de dix-huit mille francs a été payée par Gellée, en exécution de cette contre-lettre.

Attendu que ces faits sont établis, d'ailleurs, jusqu'à l'évidence, par les circonstances de la cause.

Attendu qu'il y a eu simulation coupable dans le traité présenté au gouvernement;

Que la convention résultant de la contre-lettre est illicite et contraire à l'ordre public;

Qu'elle doit en conséquence être regardée comme nulle; d'où il suit que Peaucellier ne peut réclamer que vingt-sept mille francs pour le prix de l'office qu'il a cédé à Gellée.

Attendu que sur ce prix Gellée a payé dix-huit mille francs, qu'il est reconnu par Peaucellier qu'il a reçu une autre somme de deux mille francs; qu'ainsi il ne lui est plus dû que celle de sept mille francs.

Attendu que c'est en vain que l'on prétendrait que les dix-huit mille francs payés par Gellée doivent être imputés sur la somme restée en dehors du traité;

Qu'en effet, le traité apparent et la contre-lettre ne forment qu'une seule et même convention, une seule et même vente pour un prix unique de *quarante-cinq mille francs;*

Que, dès lors, les sommes payées par Gellée doivent être imputées, sans distinction, sur le prix de sa dette, et que ce prix étant réduit, ainsi qu'il est dit ci-dessus, à vingt-sept mille francs, c'est sur cette dernière somme que l'imputation doit avoir lieu.

Le tribunal, sans s'arrêter au moyen de nullité de l'exploit de saisie-arrêt, déclare nulle et de nul effet la contre-lettre de *dix-huit mille francs;*

Fixe à *vingt-sept mille francs* le prix dû à Peaucellier pour la cession de son office de commissaire-priseur ;

Dit que sur cette somme il sera fait déduction :

1° De celle de *dix-huit mille francs* payée par Gellée;

2° De celle de *deux mille francs* que Peaucellier reconnaît avoir reçue; ce qui réduit à *sept mille francs* la somme actuellement due à Peaucellier;

Déclare la saisie-arrêt du 5 octobre 1839 bonne et valable pour ladite somme de sept mille francs et les intérêts depuis le 27 mars 1838, jour de la nomination de Gellée;

Autorise en conséquence Peaucellier à retirer cette somme de sept mille francs et les intérêts de la caisse des Dépôts et Consignations, et sur les deniers consignées par CAVROIS, successeur de Gellée, et ce, nonobstant toutes les oppositions qui pourraient exister de la part d'autres créanciers, attendu que la créance de Peaucellier est privilégiée;

Condamne la veuve Gellée aux frais, jusques et y compris le 22 octobre 1839.

Condamne Peaucellier au surplus des frais;

Dit néanmoins que le coût du présent jugement et celui de l'expédition seront supportés par moitié par les parties, et que les droits d'enregistrement auxquels donneront lieu la libération de vingt mille francs et la condamnation de sept mille francs demeureront à la charge de la veuve Gellée.

Fait distraction des dépens à M⁵ Altelle, avoué, sur son affirmation.

Ainsi jugé et prononcé à l'audience publique de la première chambre du tribunal civil de première instance de l'arrondissement de Beauvais, ce mardi 4 février 1840, où ont opiné MM. de Lacroix-Vaubois, chevalier de la Légion-d'Honneur; Hamel (Marin), Delacourt et Jourdain d'Héricourt, juges.

M. Dupont-White procureur du roi, présent; signé De Lacroix-Vaubois et A. Destré.

En marge de la minute du présent jugement se trouve la mention d'enregistrement suivante:

Enregistré à Beauvais le 19 février 1840, folio 99, cases 3, 4, 5, 6; reçu 5 francs pour nullité de contre-lettre, 5 francs pour autre disposition, 2 francs pour droit et demi droit du traité, 5 fr. pour validité de saisie-arrêt, 38 francs 50 c. pour condamnation, 100 francs pour libération sur vingt mille francs, 15 francs 50 c. pour dixième; total 171 fr. 5 c.

Signé : SANSON.

Pour expédition conforme,
Le commis greffier.

Signé : A. DESTRÉ.

Texte de l'arrêt attaqué.

EXTRAIT.

Du 10 juillet 1840.
CHAMBRE CIVILE.

Des minutes du greffe de la Cour royale séant à AMIENS,

D'un arrêt contradictoirement rendu à l'audience publique tenue par la chambre civile de la Cour royale d'Amiens, le vendredi 10 juillet 1840,

A été extrait ce qui suit :

Entre le sieur Vast-Cosme PEAUCELLIER, ancien commissaire-priseur à BEAUVAIS, actuellement propriétaire demeurant en la même ville, appelant suivant l'exploit du 12 juin dernier, enregistré, d'un jugement contradictoirement rendu entre les parties y dénommées par le tribunal civil de Beauvais, en date du 4 février dernier aussi enregistré.

Demandeur aux fins dudit exploit, et aux fins des conclusions par lui signifiées, le 19 juin dernier, comparant et plaidant par M° Créton, avocat, assisté de M° Bourguet, son avoué, d'une part :

Et 1° La dame Françoise Ursule MARTHE, veuve du sieur Charles-Joseph-Constant GELLÉE, décédé, commissaire-priseur à Beauvais, ladite dame Gellée demeurant à Saint-Just-des-Marais, canton de Beauvais, au nom et comme héritière, pour la moitié afférant à la ligne maternelle, de Charles-Victor-Constant GELLÉE, son fils mineur.

2° Et le sieur Charles-François GELLÉE, père, ancien huissier et la dame Marie-Marguerite BOULANGER, sa femme, demeurant à Beauvais, au nom et comme héritiers dudit mineur GELLÉE, de la part revenant à la ligne paternelle, n'ayant tous deux qu'un seul et même intérêt, intimés sur l'appel ci-dessus mentionné, défendeurs aux fins dudit acte d'appel et aux fins des conclusions qu'il contient, défendeurs aux fins de la requête contre eux signifiée par l'appelant ; demandeurs aux fins des conclusions contenues en la requête par eux signifiée le présent mois.

Comparant et plaidant par M⁰ DEBERLY, avocat, assisté de M⁰ CLEMENCE, leur avoué, d'autre part.

L'amende a été consignée au bureau de l'enregistrement et des domaines à Amiens le 20 juin dernier, sous le numéro 422 du registre de recette, ainsi qu'il appert de la quittance délivrée ledit jour par le receveur dudit bureau.

Sans que les présentes qualités puissent nuire ni préjudicier en aucune manière aux droits moyens, actions et intérêts respectifs des parties.

POINT DE FAIT.

Les faits préliminaires de la cause, la procédure et les conclusions des parties sont rapportés dans le point de fait du jugement dont est appel auquel on se réfère ici.

Seulement, pour l'intelligence plus prompte de l'arrêt, nous allons retracer succinctement les faits suivants :

Le sieur Peaucellier était commissaire-priseur à Beauvais.

Il a cédé sa charge au feu sieur Gellée, le 5 décembre 1847, moyennant le prix principal de *quarante-cinq mille francs*.

Un traité, en date de ce jour, enregistré à Beauvais, le 18 février 1840, folio 40 verso, case 9, au droit de 1 f. 10 c., fut fait entre les parties pour être produit à l'appui de la demande en nomination du feu sieur Gellée au lieu et place du sieur Peaucellier.

Dans cet acte, il fut énoncé, entre autres conditions, que le prix du traité fut fixé à *vingt sept mille francs*, payables, savoir : deux mille francs dans la quinzaine du jour où le nouveau titulaire prêterait serment et le surplus dans le délai de sept années, par septième d'année en année, à compter du lendemain de la prestation de serment, avec intérêts de cinq pour cent, sans retenue.

Mais, le même jour, le sieur Gellée souscrivit au profit du sieur Peaucellier un billet de la somme de *dix-huit mille francs* causé valeur reçue comptant.

Toutefois, il fut reconnu verbalement *entre elles* que la reconnaissance de dix-huit mille francs, valeur reçue comptant, souscrite par le sieur Gellée au profit du sieur Peaucellier, avait pour cause réelle un supplément de prix de la charge de commissaire-priseur portée seulement à *vingt-sept mille francs* par le traité dudit jour, tandis qu'il était de quarante-cinq mille francs.

Le sieur Gellée fut nommé commissaire-priseur en remplacement du sieur Peaucellier; il prêta serment en cette qualité devant le tribunal de Beauvais, le 27 mars 1838.

Il paya volontairement les dix-huit mille francs, montant de la reconnaissance sus-énoncée qui, selon l'appelant, a été remise au feu sieur Gellée;

Il paya aussi un à-compte de deux mille francs sur le montant du prix du traité de vingt-sept mille francs.

Il décéda le 17 décembre 1838.

Le sieur Cavrois a été nommé commissaire-priseur à Beauvais, en remplacement du feu sieur Gellée; il versa à la caisse des cautionnements une somme de 30,000 francs pour la valeur de cette charge.

Le sieur Peaucellier a formé entre les mains de M. le receveur-général de l'Oise une saisie-arrêt sur la succession du sieur Gellée, pour avoir paiement par privilège des vingt-cinq mille francs avec intérêts qui lui restaient dûs sur le prix de son traité avec le feu sieur Gellée.

Le mineur Gellée, héritier de son père, a soutenu qu'il avait payé une somme de dix-huit mille francs pour supplément de prix porté dans le traité ostensible;

Que la stipulation relative à ce supplément de prix était nulle, d'où il suivait que ces dix-huit mille francs devaient être imputés sur les vingt-cinq mille francs;

Que, par conséquent, il ne restait dû que *sept mille francs*.

Le 4 février 1840, le tribunal civil de première instance de Beauvais a statué en ces termes :

« Le tribunal,

» Sans s'arrêter au moyen de nullité de l'exploit de saisie-arrêt,
» déclare nulle et de nul effet la contre-lettre de dix-huit mille
» francs;

» Fixe à vingt-sept mille francs le prix dû à Peaucellier pour la
» cession de son office de commissaire-priseur;

» Dit que, sur cette somme, il sera fait déduction 1° de celle de
» 18,000 fr. payée par Gellée; 2° de celle de 2,000 fr. que Peau-
» cellier reconnaît avoir reçue; ce qui réduit à sept mille francs la
» somme actuellement due à Peaucellier;

» Déclare la saisie-arrêt du 5 octobre 1839 bonne et valable
» pour ladite somme de sept mille francs et les intérêts depuis le
» 20 mars 1838, jour de la nomination de Gellée; autorise en con-
» séquence Peaucellier à retirer cette somme de sept mille francs
» et les intérêts de la caisse des dépôts et consignations sur les de-
» niers consignés par Cavrois, successeur de Gellée, et ce, nonob-
» stant toutes les oppositions qui pourraient exister de la part
» d'autres créanciers, attendu que la créance de Peaucellier est
» privilégiée;

» Condamne la veuve Gellée aux frais faits jusques et y compris
» le 22 octobre 1839;

» Condamne Peaucellier au surplus des frais;

» Dit néanmoins que le coût du présent jugement et de celui de
» l'expédition seront supportés par moitié par les parties et que les
» droits d'enregistrement auxquels donneront lieu la libération
» de 20,000 fr. et la condamnation de 7,000 fr. demeureront à la
» charge de la veuve Gellée. »

Depuis ce jugement, le mineur Gellée est décédé.

Les héritiers ont été, savoir :

Sa mère, pour sa moitié appartenant à la ligne maternelle ;

Et son aïeul, pour l'autre moitié, pour la part revenant à la ligne paternelle.

Ils ont accepté la succession du mineur et du feu sieur Gellée sous bénéfice d'inventaire.

Ce jugement a été levé et signifié à la requête du sieur Peaucellier, sous la réserve d'en faire appel.

Par exploit du 12 juin aussi dernier, enregistré, le sieur Peaucellier en a effectivement interjeté appel en constituant M⁰ Bourguet pour son avoué.

Il a fait donner assignation à la dame veuve Gellée et au sieur Gellée, ès-noms qu'ils agissent, à comparaître devant la cour, pour voir donner acte au requérant de l'appel qu'il déclare interjeter du jugement rendu par le tribunal civil de première instance de Beauvais, le 4 février dernier.

Ce faisant, mettre l'appellation et ledit jugement au néant.

Emendant, voir décharger l'appelant des condamnations contre lui prononcées.

Faisant droit au principal, lui voir adjuger les conclusions par lui prises en première instance, ensemble celles qu'il croira devoir y ajouter devant la cour.

Voir ordonner la restitution de l'amende à consigner, et se voir, lesdits sieur et dame Gellée, ès-noms, condamner aux dépens des causes principale et d'appel.

Les héritiers Gellée ont constitué M⁰ Clémence pour leur avoué sur cet appel ; ont fait mettre la cause au rôle, et elle a été distribuée à cette chambre par M. le président.

La cause étant venue à son tour de rôle et ayant été appelée par l'huissier de service, les parties ont respectivement posé qualités.

Le 19 juin dernier, le sieur Peaucellier a fait signifier des écritures dont les fins, par les motifs et considérations y exprimés tendaient à ce qu'il plût à la cour :

Mettre l'appellation et le jugement du tribunal civil de Beauvais, du 4 février 1840, au néant, en ce qu'il a déclaré nulle et de nul effet la contre-lettre de dix-huit mille francs, et fait déduction de cette somme sur les vingt-cinq mille francs restant dus par les héritiers Gellée sur le prix du traité du 5 décembre 1839, et a condamné l'appelant à une partie des dépens.

Emendant, quant à ce, le décharger desdites condamnations.

Faisant droit au principal, sans s'arrêter ni avoir égard à la demande en nullité de la contre-lettre de dix-huit mille francs, dans laquelle les intimés seront déclarés mal fondés;

Subsidiairement, sans avoir égard à la demande en répétition de cette somme par voie d'imputation sur celle de vingt-cinq mille francs restant due, dans laquelle les intimés seront déclarés non recevables ou mal fondés,

Déclarer la saisie-arrêt du 5 octobre 1830 bonne et valable, en sus des sept mille francs et intérêts alloués par les premiers juges pour celle de dix-huit mille francs et les intérêts depuis le 20 mars 1838.

Autoriser en conséquence le sieur Peaucellier à retirer par privilège, indépendamment des dix-sept mille francs et des intérêts de de dix-huit mille francs et lesdits intérêts, de la caisse des dépôts et consignations sur les deniers déposés par le sieur Gellée, et ce nonobstant toutes oppositions qui pourraient exister de la part d'autres créanciers.

Ordonner la restitution de l'amende consignée, et condamner les intimés en tous les dépens des causes principale et d'appel ; desquels, en tout évènement, le sieur Peaucellier sera remboursé par privilège, comme de sa créance, sur les deniers consignés.

Le juillet présent mois, les héritiers Gellée ont eux-mêmes

fait signifier une requête dont les fins, par les motifs et considérations y énoncées, tendaient à ce qu'il plût à la cour;

Sans s'arrêter ni avoir égard aux fins moyens et conclusions de l'appelant, dans lesquels il serait déclaré non recevable et mal fondé, et dont, en tous cas, il serait débouté,

Mettre l'appellation au néant,

Ordonner que le jugement dont était appel sortirait son plein et entier effet, et condamner l'appelant en l'amende et aux dépens des causes principale et d'appel.

La cause étant venue hier à son tour de plaidoirie, M° Créton, avocat, assisté de M° Bourguet, avoué du sieur Peaucellier, a repris pour ce dernier, sur le barreau, les conclusions de la requête par lui signifiée le 19 juin dernier ; en a requis l'adjudication et fait valoir en plaidant les moyens qu'il a crus propres à les faire accueillir.

Après quoi, le temps de l'audience étant écoulé, la cause a été conduite à ce jour.

Et ce jour, M° Deberly, avocat, assisté de M° Clemence, avoué des héritiers Gellée, a également repris pour ces derniers les conclusions de la requête par eux signifiée ; en a pareillement requis l'adjudication et fait valoir les raisons qu'il a crues propres à les faire admetre.

Les avocats ont été respectivement entendus dans leur réplique.

Ensuite, M. Caussin de Perceval, premier avocat général, a été entendu en ses conclusions.

Après quoi, la cour en ayant délibéré conformément à la loi, la cause offrait à résoudre les questions de savoir :

POINT DE DROIT.

1° Si, sans qu'il fût nécessaire de s'expliquer sur la question de savoir si le traité secret, contenant supplément de prix de dix-huit mille francs, était ou non nul à raison de ce qu'il avait été volontairement exécuté par le paiement de cette somme, il y avait lieu de décider que cette somme ne pouvait être répétée ?

2° Si l'imputation de cette somme sur les vingt-cinq mille francs qui restaient dus sur le prix porté au traité ostensible n'était pas inadmissible parce qu'elle emporterait en réalité répétition.

3° Si, par suite, il y avait lieu de décider que la totalité de ces vingt-cinq mille francs restait due et par conséquent de valider la saisie-arrêt jusqu'à concurrence de cette somme.

4° Si par voie de conséquence, on devait décider que le jugement devait être infirmé en ce qu'il n'avait validé cette saisie que pour sept mille francs, et de le délarer valable pour le surplus, pour, par le sieur Peaucellier être payé par privilège des dix-huit mille francs de surplus et des intérêts, comme des sept mille francs alloués par les premiers juges ?

5° Ce qui devait être statué pour l'amende et les dépens des causes principale et d'appel ?

DISPOSITIF.

Oui les avocats des parties, assistés comme dessus, en leurs conclusions, plaidoiries et répliques respectives ;

Oui aussi M. Caussin de Perceval, premier avocat général, en ses conclusions ; le tout à l'audience publique d'hier et à la présente audience.

La cour dit qu'il en sera délibéré en la chambre du conseil pour l'arrêt être prononcé à la reprise de l'audience.

Et, l'audience publique ayant été reprise, la cour a rendu l'arrêt suivant, après en avoir délibéré en la chambre du conseil, conformément à la loi.

Considérant qu'il est établi et reconnu entre les parties que les dix-huit mille francs payés par Gellée l'ont été pour supplément convenu au traité ostensible relatif à la cession de l'office de commissaire-priseur.

Que de quelque manière qu'on envisage cette convention, elle a été volontairement exécutée et ne peut donner lieu à répétition ;

Que l'imputation sur un autre titre équivaudrait à répétition. Par ces motifs.

La cour met l'appellation et ce dont est appel au néant.

Décharge l'appelant des condamnations contre lui prononcées ;

Statuant au principal, déclare la saisie arrêt du cinq octobre mil huit cent trente-neuf, bonne et valable ;

Autorise en conséquence Peaucellier à retirer par privilège, indépendamment des sept mille francs et des intérêts alloués, la somme de dix-huit mille francs avec les intérêts à dater du vingt mars mil huit cent trente-huit, de la caisse des dépôts et consignations sur les deniers déposés pour le compte de la succession bénéficiaire de Gellée ;

Ordonne la restitution de l'amende et condamne les intimés, ès-noms, aux dépens des causes principale et d'appel dont Peaucellier serait, en tout évènement, remboursé comme frais accessoires de sa créance sur les deniers consignés.

Au bas de la minute de l'arrêt ci-dessus est écrit :

Enregistré à Amiens, le 27 juillet 1840, n° 5378, reçu 10 francs et 1 franc pour décime.   Signé *Arrachart*.

Pour expédition conforme délivrée par le greffier de la cour royale d'Amiens, soussigné.

X.

CONSULTATION.

Le jurisconsulte soussigné,

Vu l'arrêt de la cour royale d'Amiens, du 10 juillet 1840, ensemble toutes les pièces de la procédure;

Consulté par M. Peaucellier sur le mérite du recours en cassation dirigé contre cet arrêt par les héritiers Gellée,

Est d'avis :

Que la cour royale d'Amiens a fait la plus juste application des règles du droit et de la jurisprudence relatives à la matière qui lui était soumise, et que l'attaque si imprudemment dirigée contre sa décision n'offre aucune chance de succès.

En *la forme*, l'arrêt du 10 juillet 1840, présente toutes les conditions intrinsèques que la loi exige par la validité des jugements, et il est de toute évidence que ce n'est pas sous ce rapport qu'il peut être critiqué devant la cour régulatrice.

Au fond, la cour d'Amiens a décidé :

D'une part,

Que la créance du sieur Peaucellier était privilégiée;

D'autre part,

Que la somme de dix-huit mille francs, montant de la reconnaissance souscrite par Gellée à Peaucellier, comme complément du prix d'un office de commissaire-priseur, n'était pas susceptible de répétition.

Il est facile d'établir que ces deux propositions sont irréfragables en droit.

I.

Quant à *la question de privilège du prix d'un office sur le prix de la revente de cet office*, elle a été résolue depuis longtemps par la doctrine des auteurs ; doctrine qui est passée dans la jurisprudence unanime des tribunaux, et qui repose sur le texte de l'art. 2102 du Code civil, rapproché de l'art. 91 de la loi du 28 avril 1816.

Aux termes de l'art. 2102, « les créances privilégiées sur cer-
» tains meubles sont..... 4° *le prix d'effets mobiliers non payés*,
» s'ils sont encore en la possession du débiteur, soit qu'il ait acheté
» à terme ou sans terme. »

Or, la loi du 28 avril 1816, art. 91, ayant consacré au profit des titulaires d'offices le droit de présentation, a créé, en faveur de ceux-ci, une véritable *propriété mobilière*, comprise nécessairement dans la généralité des termes de l'art. 2102 et régie par ses dispositions.

Quelques auteurs avaient, dans le principe, élevé des doutes sur la possibilité d'étendre à la propriété des offices les mots *effets mobiliers* dont se sert l'article précité ; ils soutenaient que cette expression ne devait s'appliquer qu'à des *meubles* purement *corporels*, et la cour royale de Paris, par un arrêt du 18 mai 1825, s'était rangée d'abord à cette opinion.

Mais, sur le recours exercé en cassation par l'ancien propriétaire de l'office, l'arrêt de Paris fut cassé le 28 novembre 1827 par le motif :

« Que l'art. 535 du Code civil, qui se réfère à l'art. 529 du même
» Code, déclare *meubles* par la détermination de la loi les obliga-
» tions et actions qui ont pour objet des sommes exigibles, et
» qu'ainsi les expressions effets mobiliers, employées dans l'art.
» 2102, doivent s'entendre non seulement des meubles corporels,
» mais encore des *meubles incorporels.*

» Qu'il suit de là que la Cour de Paris, en refusant à Chamerain
» le privilège par lui réclamé sur les sommes provenant de la
» créance transportée à Bigot, sous prétexte que la disposition de
» l'art. 2102, n° 4, ne s'appliquait qu'aux meubles corporels, a
» fait une fausse application de cet article et violé l'art. 535 du
» Code. »

Depuis lors, la Cour de Lyon, par arrêt du 9 février 1830, et celle d'Orléans, par autre arrêt du 13 mars 1839 (rapportés l'un et l'autre au *Recueil de Sirey*, à leurs dates respectives), ont jugé dans le même sens relativement au prix d'un office de notaire.

Le pourvoi dirigé contre le dernier de ces arrêts fut rejeté, au rapport de M. le conseiller Mestadier, et sur les conclusions conformes de M. Laplagne-Barris, avocat général, par arrêt de la Chambre des requêtes du 16 février 1831, où l'on remarque ce motif final :

« Attendu qu'une étude de notaire, qui n'est évidemment pas
» un immeuble, se trouve *nécessairement* classé dans la loi sous
» l'expression *d'effets mobiliers*, et que, dès lors, loin de violer
» la loi en accordant un privilège à Vosdey, la Cour royale d'Or-
» léans en a au contraire fait une juste application. » (Voir le
Recueil de Dalloz, tome 31, 1re partie, page 54.

Les monuments de la jurisprudence qui consacrent la même

solution, se sont tellement multipliés qu'il serait aussi difficile que superflu de les rappeler tous.

On remarque parmi eux :

Quatre arrêts de la Cour royale de Paris des 11 décembre 1834, 12 mai 1835, 8 juin 1836 et 23 mai 1838 (*Recueil de Sirey* des années correspondantes).

Un arrêt de Colmar, du 12 mai 1838, recueilli dans le *Journal du Palais* de la même année, tome 2, page 154,

Et *un arrêt de Grenoble* du 16 décembre 1837 rapporté par Sirey, tome 38, 2ᵉ partie, page 168.

A ces nombreux précédents on peut ajouter encore plusieurs arrêts plus récents émanés de diverses Cours royales, et notamment ceux rendus par la Cour royale de Caen, le 24 juin 1839, et par la Cour royale de Toulouse, le 22 février 1840 (Voir les recueils.)

Tous les efforts des héritiers Gellée seront impuissants contre une jurisprudence aussi invariablement fixée, et qui présente d'ailleurs un si parfait accord avec les principes du Code

II.

La seconde question décidée par la Cour d'Amiens (celle de savoir : « *Si la somme de 18,000 fr., payée par Gellée au sieur Peaucellier, en exécution de la contre-lettre du 5 décembre 1837, était susceptible de répétition*), cette question est plus grave; mais la solution qu'elle a reçue par l'arrêt attaqué, n'en est pas moins à l'abri de toute critique.

La Cour d'Amiens a dit :

« Considérant qu'il est établi et reconnu entre les parties que

» les 18,000 fr. payés par Gellée l'ont été pour supplément con-
» venu au traité ostensible relatif à la cession de l'office de com-
» missaire-priseur.

» *Que, de quelque manière qu'on envisage cette convention,*
» *elle a été volontairement exécutée et ne peut donner lieu à*
» *répétition.*

» Que l'imputation sur un autre titre équivaudrait à répéti-
» tion. »

Les deux déclarations de fait qui commencent et terminent ce dispositif, précisent nettement la question *de droit* qu'il s'agissait de résoudre.

D'une part, il est constant que la reconnaissance de 18,000 fr. n'a été souscrite à Peaucellier et acquittée par Gellée qu'à titre de supplément du prix de sa charge.

D'autre part, la Cour déclare (ce qui est du reste de toute évidence) que vouloir imputer cette dette éteinte sur la portion de prix qui reste encore due à Peaucellier, équivaudrait à une répétition.

Or, en droit, peut-on répéter le prix d'une contre-lettre qui a été spontanément acquittée?

Peut-on revenir sur une convention volontairement exécutée?

L'exécution volontaire n'est-elle pas la meilleure et la plus irrévocable des ratifications?

L'arrêt attaqué résout ces questions, non pas en thèse générale, mais d'une manière spéciale, en déclarant : « Que de quelque ma-
» nière qu'on envisage la convention secrète intervenue entre
» MM. Peaucellier et Gellée, cette convention ayant été exécutée,
» *ne peut pas donner lieu à répétition ?* »

Cette décision porte-t-elle atteinte à quelque loi particulière, ou à quelque principe du code qui nous régit?

Evidemment non ; car elle ne renferme rien autre chose qu'une double énonciation de fait qui échappe nécessairement à toute critique devant la cour suprême.

En effet, tout ce que déclare l'arrêt c'est que,

1° Le prix convenu entre les parties comme formant la véritable évaluation de la chose vendue, a été réellement porté à une somme de 18,000 francs de plus qu'il n'était énoncé dans le traité ostensible,

Et 2° que cette convention particulière, librement consentie, a reçu sa pleine exécution par le paiement volontaire,

3° Qu'en conséquence, cette somme de 18,000 francs ne peut plus désormais être l'objet ni d'imputation, ni de répétition, puisqu'elle a reçu son emploi, conformément à la volonté des parties.

Pour arriver à établir sur ces faits une discussion de droit, il faudrait soutenir :

D'une part, qu'il n'était pas permis de stipuler un supplément de prix ;

Et, *d'autre part*, que malgré l'exécution, celle des parties qui a consenti à payer ce qu'elle avait reconnu devoir en dehors du prix stipulé dans l'acte apparent, serait recevable à demander la restitution de ce qu'elle aurait payé en vertu de la contre-lettre par elle souscrite.

Or, en droit, ni l'une ni l'autre de ces propositions ne peuvent soutenir un examen sérieux.

En effet, il y a dans la cause, contre toute discussion de droit, une fin de non recevoir insurmontable résultant *de l'exécution que la convention a reçue.*

Il suffit pour s'en convaincre de lire le texte de l'art. 1235 du Code civil qui règle les principes en matière de répétition.

Après avoir déclaré que tout paiement suppose une dette, et que ce qui a été payé sans être dû est sujet à répétition, cet article ajoute aussitôt : « La répétition n'est pas admise à l'égard des obli- » gations naturelles, *qui ont été volontairement acquittées.* »

Cette exception s'explique par les diverses applications que le législateur en a faites, notamment dans les art. 1906 et 1967 du Code civil.

Le premier de ces articles porte « que l'emprunteur qui a payé » des intérêts qui n'étaient pas stipulés, ne peut ni les répéter, ni les » imputer sur le capital ».

Le deuxième décide que « dans aucun cas, le perdant ne peut » répéter ce qu'il a volontairement payé sur une dette de jeu, à » moins qu'il n'y ait eu de la part du gagnant, dol, supercherie, ou » escroquerie ».

Ainsi, *le paiement volontaire, fondé sur une cause naturelle, interdit dans tous les cas l'action en répétition.*

Mais lorsque, comme dans la cause, la partie qui a payé avait reconnu elle-même qu'elle était obligée au paiement par suite d'une convention formelle qui, à défaut d'une existence parfaitement légale, avait au moins toute la force d'une obligation naturelle, il est impossible qu'elle soit admise à se plaindre de son propre fait, pour répéter une somme que peut-être elle aurait pu se dispenser de payer, mais qui une fois sortie de ses mains ne doit pas lui être restituée.

Le législateur a reconnu en effet qu'il ne devait pas intervenir dans ces stipulations qui sont en dehors des principes du droit écrit, parce qu'elles appartiennent au for intérieur; et en refusant à l'une et à l'autre des parties une action en justice, il a entièrement abandonné à leur conscience le soin de l'exécution. Après comme avant cette exécution, la loi devait rester étrangère à ces sortes de stipulations; et dès que le contrat (tout imparfait qu'il était à ses yeux) a été exécuté, par le même motif qu'elle refuse au créancier l'action en paiement, elle doit dénier aussi l'action en répétition au débiteur qui s'est volontairement libéré.

Au surplus, ces principes, qui suffiraient à la justification complète de l'arrêt attaqué, n'ont pas besoin d'être invoqués dans la cause. Il ne s'agissait pas ici de l'exécution d'une obligation imparfaite, mais d'un contrat bien cimenté et réunissant toutes les conditions exigées par la loi civile pour la validité des conventions.

Alors même que le supplément de prix stipulé n'aurait pas été acquitté par le débiteur, le créancier aurait pu exercer contre lui une action directe en paiement.

Il est établi, en fait, que les parties en consentant, l'une à vendre, l'autre à acheter, sont convenues d'un prix total dont les 18,000 francs, objet du procès, faisaient partie.

Le prix, sans lequel il ne pouvait y avoir de vente parfaite, avait été irrévocablement fixé à une somme totale dont une partie seulement a été énoncée dans le traité ostensible, tandis que le surplus, montant à 18,000 fr., a été l'objet d'un règlement particulier ou d'une contre-lettre.

Or, l'art. 1321 du Code civil reconnaît de la manière la plus formelle la validité d'une pareille convention ; il décide bien qu'elle sera sans effet à l'égard des tiers (ce qui était la conséquence nécessaire des principes rigoureux du droit) ; mais, en même temps, il déclare que ces sortes d'actes auront, entre les parties qui les ont souscrits, leur force pleine et entière.

Art. 1321. « Les contre-lettres ne peuvent avoir leur effet qu'en-
» tre les parties contractantes ; elles n'ont point d'effet contre les
» tiers. »

Une seule exception est admise à l'égard des contrats de mariage par les art. 1395, 1396 et 1397; encore cette exception ne s'applique pas aux contre-lettres faites avant la célébration du mariage en présence et avec le consentement des personnes qui ont figuré dans le contrat.

La contre-lettre par laquelle les parties avaient stipulé un supplément de prix était donc un acte régulier qui devait, aux termes de l'art. 1321, produire tous ses effets.

Cette contre-lettre n'aurait pu être attaquée que comme tout autre contrat, pour l'une des causes admises par la loi comme pouvant emporter soit la nullité, soit la résiliation de la convention.

Or, où serait le motif de la nullité?

La contre-lettre dont il s'agit n'a été surprise ni par fraude ni par dol; elle n'est pas le résultat de la violence.

Elle n'est contraire ni à la loi, ni aux bonnes mœurs, ni à l'ordre public; et elle repose sur une cause légitime, sur une vente.

De ce que le supplément de prix aurait été stipulé dans un acte à part, il n'en fait pas moins partie de la vente qui est un contrat consensuel et du droit des gens, dont l'existence est même indépendante de tout acte écrit.

Le prix qui est l'un des caractères essentiels de la vente, et sans lequel le contrat ne saurait être complet, n'a même pas besoin d'être exprimé dans l'acte; il suffit que ce prix soit *certain*, c'est à dire que l'on ait stipulé d'après des bases telles qu'on puisse en déterminer ultérieurement la fixation.

C'est ainsi que la vente est parfaite alors même que le prix de la chose vendue est laissé à l'arbitrage d'un tiers.

Rien n'empêche donc que le véritable prix accordé et stipulé entre les parties ne soit pas entièrement exprimé dans l'acte de vente, pourvu qu'il n'y ait point d'incertitude sur la valeur effective et réelle que les parties ont donnée à la chose vendue.

On trouve, dans le droit romain, un exemple frappant de la stipulation d'un supplément de prix ajouté au prix réel.

La loi 7 § 2, ff.—*de contrahendâ Emptione,* décide qu'il y a vente régulière et parfaite dans le cas où les parties sont convenues que l'une d'elles donnera à l'autre, pour prix de la chose que celle-ci lui vend, une somme de *cent,* et en outre l'excédant du prix qu'elle pourra obtenir en revendant elle-même la chose.

Et cette décision est rigoureusement juste, car lorsque l'on dit que le prix doit être *certain,* cela signifie qu'il ne doit pas dépendre de l'acheteur de le réduire, ou du vendeur de l'augmenter; mais ici le supplément de prix, pour être indéterminé, n'en est pas moins certain et indépendant tout à la fois de la volonté du vendeur et de l'acheteur, puisqu'il est laissé à l'arbitrage d'un tiers, le second acquéreur.

A plus forte raison le supplément de prix doit-il être payé lorsqu'il a été non plus laissé à l'arbitrage d'un tiers, mais arrêté et fixé par les parties au moment même de la vente, comme l'une des conditions essentielles du contrat sans laquelle il n'aurait pas eu lieu.

Alors il ne s'agit pas même, à vrai dire, d'un supplément de prix, mais d'une partie intégrante du prix; en sorte qu'à défaut de paiement il y aurait nécessairement lieu à résiliation, puisqu'il arriverait que le prix stipulé entre les parties au moment où le contrat a été formé ne serait pas payé en entier.

Tels sont les principes généraux du droit.

Pour faire prononcer la nullité d'une semblable stipulation il faudrait trouver dans le Code civil un texte formel.

Or, ce texte n'existe pas.

Peut être sera-t-il un jour introduit dans la loi ; mais jusqu'à ce que cette innovation ait eu lieu, il est évident qu'il ne peut être permis aux juges de prendre la place du législateur et d'anéantir de leur propre autorité une stipulation qui, dans l'état actuel de notre droit, n'a rien que de légitime.

En effet, il n'existe, quant à présent, aucune loi qui défende au titulaire d'un office de régler de gré à gré avec son acquéreur la valeur du titre et de la clientelle.

Si des motifs de délicatesse et d'honneur doivent lui faire un devoir de ne pas dissimuler dans l'acte ostensible les clauses et conditions qui ont été arrêtées entre lui et son successeur présumé, c'est là une règle de conduite à laquelle il doit se soumettre par conscience, mais non par obéissance à la loi ; car, encore une fois, la loi ne lui impose pas cette obligation.

Et la preuve que la loi actuelle ne dispose rien à cet égard, et que cependant un texte serait nécessaire, c'est que la proposition a été faite d'assujettir tous les titulaires d'office à cette condition.

Du moment où cette disposition aura été adoptée, tous les principes seront changés.

Il ne s'agira plus, en effet, d'une vente, mais d'un contrat nouveau ; contrat innommé, et qui est aujourd'hui sans exemple dans notre législation ; car le vendeur et l'acquéreur ne seront plus aptes à discuter le prix de la chose vendue ; il devra être déterminé par l'autorité administrative, ou suivant le mode qu'il plaira au législateur d'adopter.

De ce jour, disons-nous (mais de ce jour seulement), toute la législation actuelle sur les offices sera renversée.

Les officiers ministériels n'auront plus le droit de vendre.

La seule faculté qui leur sera laissée sera celle de proposer un successeur, sauf à l'autorité publique à déterminer elle-même les conditions de la transmission.

Nous n'avons pas à discuter quels seraient les avantages de cette législation nouvelle et quels peuvent être les inconvénients de la législation actuelle. Qu'il nous suffise de rappeler que la loi du 28 avril 1816, sous l'empire de laquelle nous nous trouvons, considère comme une propriété privée la valeur résultant du droit de présentation ainsi que les produits d'un office, et que *cette propriété est susceptible de toutes les transactions civiles*.

Ainsi, quant à présent, le droit de l'autorité publique se borne à s'immiscer dans la présentation faite par le titulaire pour vérifier si le successeur proposé remplit les conditions de moralité et de capacité nécessaires, et c'est sous ce rapport seul que, légalement parlant, l'administration est appelée à prendre connaissance du traité.

Mais lorsque le successeur présenté a été admis, l'exécution des conventions faites entre lui et son prédécesseur n'intéressent en aucune manière ni les bonnes mœurs, ni l'ordre public; on rentre, en ce qui les concerne, dans le domaine du droit privé; et il y aurait, au contraire, atteinte grave aux bonnes mœurs et à l'ordre public si l'on venait à décider qu'une convention librement formée par deux parties ne doit pas être exécutée entre elles par cela seul qu'elle serait demeurée secrète.

Sous prétexte de punir l'immoralité du titulaire démissionnaire, on arriverait à consacrer en même temps par arrêt l'immoralité du titulaire en fonctions; car si l'un a eu le tort (qui leur est commun à tous deux) de dissimuler à l'autorité publique une partie du prix stipulé; l'autre a eu le tort bien plus grave encore de violer la foi promise et de ne pas payer le prix convenu.

Ce sont ces considérations graves qui ont déterminé la Cour royale d'Amiens à statuer comme elle l'a fait par son arrêt du 10 juillet 1840.

Déjà les mêmes principes avaient été consacrés par un arrêt de la Cour royale de Toulouse, du 22 février 1840, dont il importe de rappeler quelques motifs.

« Attendu, porte cet arrêt, que les contractants, en cachant une
» partie de leur convention, ont manqué, sans doute, à la haute
» probité que commande l'emploi dont l'un d'eux allait être in-
» vesti, et que la dissimulation du prix permet de craindre qu'il ne
» soit hors de proportion avec les produits légitimes de la charge ;
» mais que le maintien de l'acte ne saurait empêcher que l'action
» blâmable de l'officier ministériel soit réprimée par d'autres
» voies ;

» Que la crainte résultant de l'exagération présumée du prix
» n'offre qu'un danger incertain ; mais que cette violation des
» règles d'une délicatesse rigoureuse, qui peut n'avoir aucune des
» conséquences que l'on redoute, *n'offre pas une atteinte aux*
» *bonnes mœurs et à la sécurité publique assez grave pour*
» *opérer l'annulation de stipulations qui ne sont pas défendues*
» *par la loi* »

» Que, pour voir dans ces traités secrets un intérêt d'ordre
» public, on a été amené à considérer le gouvernement comme
» ayant été partie dans le contrat ;

» *Que c'est là un abus de mots ;*

» Que, tandis que le droit de présentation appartient au titu-
» laire, l'autorité, à qui appartient la nomination, pour qu'elle
» tombe sur un homme digne de sa confiance, a recours à tous
» les moyens d'investigation et de surveillance que lui commande
» autant l'intérêt du candidat que celui de la société elle-même. »

» *Mais que les conventions sont faites entre les parties seu-*
» *les;* que les actes qui peuvent exister entre elles ont le carac-
» tère de contre-lettres qui, malgré les inconvénients que peu-
» vent présenter des conventions pour lesquelles on redoute la
» publicité, ne sont pas interdites;

» Que l'art. 1321 du Code civil veut seulement qu'elles n'aient
» pas d'effet à l'égard des tiers. »

La Cour royale de Grenoble, par arrêt du 16 décembre 1837, avait déjà rendu la même décision. (Voyez Sirey, 1838, 2ᵉ partie, page 489.)

L'arrêt de la Cour d'Amiens, aujourd'hui dénoncé à la Cour de cassation, n'a donc fait que confirmer les vrais principes.

Délibéré à Paris, le 20 mars 1841.

LATRUFFE-MONTMEYLIAN.

*Avocat aux conseils du Roi
et à la Cour de Cassation.*

www.ingramcontent.com/pod-product-compliance
Lightning Source LLC
Chambersburg PA
CBHW061016050426
42453CB00009B/1482